AF343955

Watooski In
hairen

etav

Albany
1773

# ETABLISSEMENS
## CONCERNANT
# LES LOIX
# DE CHANGE

faits par

les Etats Confederés de la
Republique de Pologne
assemblée en Diete,
et inserés dans les Actes Publics du
Grode de Varsovie
Le 13. Avril 1775.
Traduits exactement et litteralement de
l'Original Polonois
par
## Mr. Jean Baudouin.

*Avec Permission des Superieurs.*

# A VARSOVIE,
Chez MICHEL GROELL,
*Libraire de la Cour,*
à Marieville N. 19. à l'Enseigne des Poëtes.

# USTANOWIENIA PRAW WEXLOWYCH.

ETABLISSEMENS.

## DES LOIX DE CHANGE.

Jako we wſzyſtkich Kraiach Uſtawy
Wexlowe ſą ſtrictiſſimi Juris, tak
chcący y w Kraiach Naſzych Han-
del y kredyt onemu potrzebny
kwitniący utrzymać, ninieyſze Prawo
Wexlowe, według krorego każdy kredytor od ſwego Dłużnika mogłby iak
naypredſzą otrzymać ſatisfakcyą ſtanowiemy.

## §. I.

## *O Wexlach.*

1mo. Wexel ieſt karta ręczna tak zwana
przez ktorą *Dłużnik* obowięzuie
ſię ſwemu *Kredytorowi* wypłacić pewną Summę na pewny czas, albo za pokazaniem tey
karty.

2do.

**C**omme les *Loix de change* font très rigoureufement obfervées dans tous les Païs, et que Nous avons deffein d'introduire pareillement dans nos Etats, un commerce fleuriffant, en affurant le credit, qui lui eft neceffaire; nous etabliffons à cette fin les prefentes *Loix de change*, fvivant lesquelles tout *Créancier* puiffe obtenir de fon *Debiteur* une Satisfaction très prompte et très fûre.

## §. I.
## *Des Lettres de change.*

1mo. **U**ne Lettre de change eft une fimple écriture privée, par laquelle le *Debiteur* s'oblige de payer à fon *Créancier* une certaine Somme dans un certain tems, ou à fa prefentation.

A 4

2do.

2*do*. Wexel powinien bydź koniecznie Ręczną kartą, a to dla ſpoſobnieyſzego cyrkulowania y wypłacania onego, iako też, że Autentyczność onego wciągnęłaby więkſze inwolucye w Proceſs Wexlowy.

3*tio*. Wexle dwoiakie ſą: to ieſt: *właſne y oſobiſte*, przez ktore *daiący Wexel*, obliguie ſię ſam wyrażoną Summę zapłacić, y Wexle *mieyſcowe* czyli *aſſygnowane*, czyli *traſſowane*, przez ktore *daiący Wexel*, obliguie ſię Kredytorowi, że mu przez kogo inſzego na innym mieyſcu Summa wyrażona zapłacona będzie.

4*to*. Terminami Wexlowemi ten, kto daie Wexel, nazywa ſię *Traſſant* czyli *Traſſuiący*, ten komu ſłuży Wexel, nazywa ſię *Remittent*, czyli *Prezentant*, to ieſt prezentuiący Wexel, kiedy ſię Pieniędzy upomina, ten na kogo w traſſowanym Wexlu daie ſię aſſygnacya do wypłacenia Summy, nazywa ſię *Traſſat*, czyli *Traſſowany* także y *Akceptant*, ponieważ powinien akceptować Wexel do wypłacenia onego. Z tąd wynika, że w właſnym Wexlu *Traſſant*, ieſt oraz y *Akceptant*, bo ſam na ſiebie obowiązek wypłacenia akceptuie.

5*to*. Wexel *właſny* powinien wyrażać w *pierwſzey Linii* mieyſce, w ktorym ſię
dale,

2*do.* Une Lettre de change doit etre abfolument une fimple écriture, afin qu'elle foit plus propre à circuler dans le Commerce, et pour que les formalités, par lesquelles on devroit paffer pour la rendre authentique, et légale, n'occafionnent pas d'Ambarras dans les Procedures des Lettres de change.

3*tio.* Il y a deux Sortes des Lettres de change, favoir: *des propres ou perfonnelles*, par lesquelles, *le donneur* de ces Lettres de change, s'engage de payer lui meme la Somme marquée; et des Lettres de change *tirées* ou affignées fur quelque *place*, par lesquelles *le tireur* de ces Lettres de change, s'oblige de faire payer à fon Créancier la fomme fixée dans telle ou telle *place*.

4*to.* Celui, qui donne une Lettre de change s'appelle en terme de commerce, *tireur*, celui à qui elle fert, fe nomme *porteur* ou *prefentant*, c'eft à dire, qui prefente la Lettre de change; celui, fur lequel on donne une affignation par une Lettre de change, s'appelle *correfpondent*, *agent* et *accepteur*, parce qu'il doit accepter la Lettre de change pour la payer au terme fixé; d'où il s'enfuit, que le *donneur* de fa propre Lettre de change, eft en meme tems *accepteur*, parce qu'il accepte fur lui meme l'obligation de la rembourfer en la refoufignant.

5*to.* Une Lettre de change *propre* doit contenir en *tete*, l'endroit où on la fait, l'année, le

daie, Dzień, Mieśiąc y Rok, ktořego śię daie
y Summę Pienięžną cyframi; w kontexcie
Wexlu, termin wypłacenia, obowiązek zapłacenia, Imie y Przezwiſko Remittenta, Summę wypiſaną y walor odebrany,  na oſtatek
*Traſſant* podpiſuie Imie y Przezwiſko ſwoie
na Wexel y na Akceptacyą, naprzykład w
ten ſpoſob:  *w Warſzawie Dnia Oſmego Liſtopada Tyſiącznego Siedmſetnego Siedmdzie-
śiątego Czwartego.  Czerwonych Złotych 103.
za Mieśięcy Szeſć od Daty dziſieyſzey zapłacić powinienem za tym moim właſnym iedy-
nym Wexlem do Rąk Jmci Pana Dawida
Mewiuſza, albo komu innemu za iego zlece-
niem Summę ſto trzy Czerwonych Złotych
Obrączkowych, ktorey walor odebrałem ——
Jerzy Semproniuſz. Akceptuię na mnie ſamę-
go. Jerzy Semproniuſz.*

    6to. Chociażby Dłužnik w zapiſie Rę-
cznym nie wcale do tey formy przychyliſł
śię, byłe tylko wyraził, że ten zapis Wexlem
mieć chciał, albo że śię Prawu Wexlowemu
w nieuczynieniu zadoſyć poddaie, takowy
obligacyą Wexlową na śiebie zaciąga y Prawu temu podlegać powinien.

    7mo. Wexle w iakimkolwiek ięzyku
Europeyſkim mogą bydź piſane, y ważność
ſwoią mieć powinny.

    8vo. *Remittent*, to ieſt ten, ktoremu
Wexel ſłužy, może ten ſam Wexel na kol

go

mois, le jour, et la somme marquée en chiffres; puis dans le corps de la Lettre de change, on met en écriture le terme de l'echéance, l'obligation de l'acquiter, le nom, et le surnom de celui, en faveur de qui elle est faite, après on met la somme écrite en lettres, et la valeur reçue, enfin le *donneur* signe son nom et surnom sur la Lettre de change, et y ajoute, qu'il l'accepte. Par exemple de la maniere suivante. *A Varsovie ce 8. 9bre 1774. Bon pr. 103 Ducats, à six semaines de la datte de ce jour je m'engage de payer contre cette ma seule Lettre de change à Monsieur David Mevius ou à son ordre la Somme de cent trois Ducats d'or et de poids, pour laquelle j'ai reçu la Valeur. George Sempronius. J'accepte sur moi même. George Sempronius.*

6to. Quand meme le Debiteur ne se seroit pas servi tout à fait de cette forme dans son billet; pourvû qu'il y eut marqué, qu'il le regarde comme une Lettre de change, ou qu'il se soumets aux loix de change faute de payement, il contracte alors l'obligation de Lettres de change, et est assujetti a leurs rigueurs.

7ma. Les Lettres de change, dans quelque langue Européenne qu'elles soient écrites, doivent toujours avoir leur valeur.

8vo. Le *donneur* de valeur, ou le *porteur*, savoir: celui, à qui sert la Lettre de change peut
l'en-

go infzego *indoſſować*, to ieſt przelecić ge
komu infzemu ku odebraniu Pieniędzy, w
tym razie ten kto przeleca, nazywa ſię *In-
doſſant*, ten na kogo przelecono *Indoſſataryuſz*.　To *Indoſſowanie* dzieie ſię tym ſpoſobem.. Naprzykład: ieżeli Mewiuſzowi
Wexel ſłuży, a chce go przekazać Roſcyuſzowi, piſze na grzbiecie Wexlu, to ieſt na
wierzchu złożoney karty.　*Jmci Panu Pa-
włowi Roſcyuſzowi walutę odebrałem Dnia
10. Liſtopada 1774. Dawid Mewiuſz.*　Indoſſataryuſz więc wſtępuie w Prawo Indoſſanta, ſtaie ſię *Remittentem* y *Prezentantem*
y upominać ſię może Pieniędzy na Wexel
winnych.

　　9no. Tym ſpoſobem razy kiłka może
bydź *Indoſſowany* Wexel, kiedy ieden dru-
giemu przekazywać go będzie, aż do rze-
telnego wypłacenia oſtatniemu *Indoſſata-
ryuſzowi*.

## §. II.

## O Proteſtach.

1mo. **P**rzeciwko właſnym Wexlom, w kto-
　　rych *Traſſant* oraz ieſt y *Akceptant*,
żadne *Proteſta*, czyli *Proteſtacye* nie idą.

　　2do. Przeciwko Wexlom *Traſſowanym*, czyli Aſſygnacyom Wexlowym powinny zachodzić *Proteſtacye* w naſtępują-
cych przypadkach:　　　　　　　　　*a.* Je-

l'*endoffer* à quelqu' autre, c'eſt à dire la céder à un tiers, ce tiers à un autre, en l'*endoſſant* pour en reçevoir le payement, en ce cas, celui, qui la cede, s'appelle *endoſſeur*, celui à qui elle eſt cedée s'appelle *ceſſionnaire* ou *porteur*, qui a le droit d'en reçevoir le montant. Cet *endoſſement* ſe fait de cette maniere; par exemple, ſi la Lettre de change ſert a Mevius, s'il veut la céder à Roſcius, il ecrit ſur le dos de la Lettre de change, c'eſt à dire ſur ſon revers: *Pour moi payé à l'ordre de Monſieur Paul Roſcius, valeur reçue ce 20. 9bre 1774. David Mevius.* Ce ceſſionnaire acquiert alors le droit de l'*endoſſeur*, devient *proprietaire*, et exige l'argent dû ſur la Lettre de change.

9no. De cette Façon une Lettre de change peut etre pluſieures fois cédée par *endoſſement* avant que d'etre finalement payée au dernier *Ceſſionnaire*.

## §. II.
## *Des Proteſts.*

1mo. Les *proteſts* n'ont point lieu contre les propres Lettres de change, dont le *tireur* eſt en meme tems *accepteur*.

2do. Les *proteſts* peuvent avoir lieu contre les Lettres de change *tirées* ou contre les *aſſignations* de change, qui en ont les prerogatives, nommement dans les Cas ſuivans. *a.*

*a.* Jeżeliby Traffat nie akceptował Wexlu.

*b.* Jeżeliby akceptował, a na terminie wyznaczonym przez Wexel, albo gdy Wexel ieft do zapłacenia za obaczeniem, w trzy Dni nie zapłacił Pieniędzy.

*c.* Jeżeliby do akceptacyi iaką klauzulę nie pewność wypłacenia oznaczaiącą przyłożył.

3*tio.* W tych wfzyftkich przypadkach *prezentuiący,* albo iego *Mandataryufz* powinien fię udać do Kfiąg iakichkolwiek Autentycznych naybliżfzych mieyfca tego, na ktorym fię upominał o zapłacenie Pieniędzy, y tam more folito *Proteftacyą* zanieść w tym że prezentuiąc Wexel Jmci Pana N. in tenore (inferatur) Jmci Panu N. Traffatowi, tenże Jmć Pan Traffat Wexlu tego akceptować nie chciał, albo Pieniędzy na Termin nie wyliczył, albo akceptował pod kondycyą, y że oftrzega fobie regrefs do *Traffanta.* Takowe Proteftacye za Granicą dzieią fię coram Notario Publico.

4*to.* Jeżeliby *Remittent* Traffatowi przez Pocztę prezentował Wexel, a Traffat onego akceptować nie chciał, tedy powinien go nieodwłocznie odeftać *Remittentowi* z Proteftacyą.

5*to.*

*a.* Si celui, sur qui on a tiré la Lettre de change ne l'accepte pas.

*b.* S'il l'a accepté, et ne la paye pas au terme marqué dans la Lettre de change, ou si elle est payable à vue, il ne la paye pas trois jours après sa presentation.

*c.* S'il ajoutoit quelque clause, qui marqueroit l'incertitude de son remboursement.

*3tio.* Dans tous ces cas le *Proprietaire,* ou son *Mandataire* doit se rendre devant les actes publics, qui sont le plus à portée de l'endroit, ou il en a demandé le payement, et y faire le *protest* suivant l'usage du païs, de ce, qu'ayant presenté la Lettre de change de Mr. N. * à Mr. N. sur lequel elle est tirée, il a refusé de l'accepter; ou ne l'a pas payé au terme, ou bien l'a accepté, mais sous condition, et que consequammeut il se reserve son recours contre l'*endosseur.* Des pareils protests se font dans les païs etrangers devant le Notaire public.

* On doit faire inscrire en entier la Lettre de change, que l'on fait protester, ainsi, que les endossemèns, sur le regitre des actes.

*4to.* Si *le proprietaire* envoye la Lettre de change par la poste pour la faire accepter, et que celui, sur qui elle est tirée, refuse de l'accepter, elle doit être incontinent renvoyée au *proprietaire* avec le protest.

*5to.*

*5to.* Proteſtacye nie odwłocznie, to ieſt przynaymniey w trzy dni po odmowioney akceptacyi, albo nie wyliczeniu na terminie Pieniędzy, zanoſzone bydź powinny, inaczey, nie wczaſie zaproteſtowane Wexle moc ſwoią Wexlową tracą, y tylko iako proſte Ręczne karty ordynaryinym Prawem dochodzone bydź maią.

*6to.* Jako ſkutek proteſtacyi ieſt ten, że karty Wexlowe w ſwoiey utrzymuią wartości, tak kiedy Wexel przyzwoicie zaproteſtowany będzie, Remittent ma wolny regreſs upominania ſię zapłaty wraz z powroceniem ſzkod y nakładow Prawem Wexlowym u ſwego *Traſſanta.*

*7mo.* Tenże ſam regreſs zoſtaie ſię *Indoſſataryaſzowi,* czyli do ſwego *Indoſſanta,* czyli do *Traſſanta,* według woli y upodobania iego właſnego; w Wexlu *właſnym* zawſze *Indoſſataryuſz* ma regreſs do *Indoſſanta,* ieżeliby *Traſſant* zbankretował albo ſię Wexlu zaparł, albo go do Prawa znaleść nie można było.

*8vo.* Kiedy Traſſat raz akceptuie Wexel, iuż ſię więcey cofnąć nie może, choćby ſię dowiedział po akceptacyi, że *Traſſant* iego zbankretował.

§. III.

5to. Les protests se doivent faire sans délai, le plus tard trois jours après le refus de l'acceptation ou du payement à l'echéance; autrement les Lettres de change, qui ne seroient pas protestées à tems, perdroient les privileges, qui leur sont attachés, et deviennent des simples billets privés, et alors on ne peut recourir, qu'aux loix ordinaires pour les faire payer.

6to. Les protests conservent aux billets de change leur valeur, ainsi, lorsqu' une Lettre de change est légalement protestée, les loix de change lui assurent un libre recours contre le *tireur* et le droit d'en éxiger le remboursement avec les dommages et frais.

7mo. Le *Cessionnaire* a le meme recours contre son *endosseur* ou contre le *tireur*, selon qu'il le juge à propos. Dans les Lettres de change *propres*, le *cessionnaire* peut toujours avoir son recours contre l'*endosseur*; si *le tireur* a fait banqueroute, ou desavoue la Lettre de change, ou si l'on ne peut pas le trouver pour le faire comparoître en justice.

8vo. Si celui, sur qui la Lettre de change est tirée l'a une fois accepté, il ne peut plus s'en detracter, quand meme il auroit appris après l'acceptation, que son *tireur* a fait banqueroute.



B                    §. III.

# §. III.
## O Preſkrypcyi.

1mo. *Preſkrypcya* Wexlowa ieſt czas wyzna-czony przez Prawo, w ktorym gdy-by ſię Kredytor nie upominał zapłacenia Summy do Wexlu winney od Dłużnika, y onego Prawem nie dochodził, Wexel traci moc ſwoią Wexlową, y iuż więcey Prawem Wexlowym dochodzony bydź nie może, Wexel zaś ſtaie ſię na tedy tylko proſtą kartą ręczną y dług ordinaria Juris via dochodzony być powinien.

2do. *Preſkrypcyą* Wexlom *właſnym* czas Roku iednego, począwſzy od terminu zapłacenia Summy w Wexlu wyrażonym ſtanowiemy. Co ſię ma rozumieć tylko o wexlach właſnych, tu w Kraiu dawanych y datowanych: Wexel zaś na dłużey iak Rok od daty wydawany bydź niepowinien, ponieważ wydany nad Dwanaście Mieſięcy ipſo facto kartą ręczną ſię ſtaie y za wexel poczytany bydź nie może.

3tio. *Wexle właſne* za Granicą dawane do dwoch lat moc ſwoią wexlową mieć maią.

4to. Wexle *Traſſowane,* czyli *Aſſy-gnowane* tu w Kraiu do zapłacenia, kiedy

Ter-

## §. III.
## *Des Prescriptions.*

1mo. La Prescription des Lettres de change est un terme prefixé par les Loix, dans lequel, si le Créancier ne demande pas au Debiteur le payement dû par la Lettre de Change, et ne cherche pas à se le faire procurer par la Justice, la Lettre de change perd ses privileges, et on n' en doit plus poursuivre le payement par les loix de change, parcequ' elle n' est alors qu' un simple billet, dont il faut se procurer le payement par la voye ordinaire de la Justice.

2do. Nous statuons, que la *prescription* des Lettres de change *propres* soit après l'Espace d'une année à compter du jour de son echéance, ce qui doit s'entendre des Lettres de change propres faites et dattées dans le païs. Une Lettre de change ne doit pas etre donnée pour un plus long terme que d'une année, car si elle est donnée, pour un terme, qui excede douze mois, elle devient par là meme un simple billet, et ne peut pas etre regardée comme une Lettre de change.

3tio. Les Lettres de change *propres données* dans les païs etrangers doivent conserver leur valeur jusqu'à deux ans.

4to. Les Lettres de change *tirées* ou *assignées* payables dans le païs ayant un terme marqué



per-

Termin wyznaczony maią w Mieſiąc ieden po Terminie moc ſwoią wexlową tracą, ieżeli proteſtacya onych nie zaſzła.

*5to.* Jeżeli kto z zaproteſtowanym wexlem regreſs czyni do *Indoſſanta*, tedy to w Mieſiącu iednym czynić powinien. Jeżeliby na iednym wexlu więccey *Indoſſamentow* było, tedy każdy Indoſſataryuſz do ſwego Indoſſanta w Mieſiącu iednym regreſs czynić powinien pod preſkrypcyą wexlową.

*6to.* Z zaproteſtowanym wexlem regreſs czyniący do Traſſanta ma preſkrypcyi ſzęść Mieſięcy.

# §. IV.

# O Oſobach wexluiących.

*1mo.* Lubo Prawo wexlowe, ieſt uſtawa Handlowi ſłużąca, iednak że rożne Oſoby wyżſzey doſtoynoſći zwykłe Handlem ſię zabawiać, a do tego że poddać ſię Prawu iakiemu, ieſt przyrodzoney woli każdego; przeto wſzelkiego ſtanu kondycyi y doſtoieńſtwa Oſoby, wyraźnie Prawem nie excypowane, Obywatele y Cudzoziemcy, Mężczyźni y Białogłowy, obligacye wexlowe na ſię zaciągać mogą y Prawu wexlowemu in rigore podlegać powinny.

*2do.*

perdent leurs droits fi elles ne font pas proteftées aprés un mois de leur échéance.

5to. Si aprés qu' une Lettre de change eft proteftée, on veut avoir fon recours contre fon *endoffeur*, on doit le faire dans l'efpace d'un mois, et s'il y a plufieurs *endoffemens* dans une Lettre de Change, chaque ceffionnaire eft obligé d'agir de meme contre fon endoffeur, et a auffi l'efpace d'un mois fous peine de la Prefcription.

## §. IV.
## *Des Perfonnes, qui font des Lettres de change.*

1mo. Quoique les loix de change ne foient etablies, que pour faciliter le Commerce, il y a cependant des perfonnes de la plus grande Diftinction, qui exercent le Negoce ; et d'ailleurs tout le monde eft naturellement en droit de fe foumettre à quelques Loix, en confequence, des perfonnes, que la loi n'excepte pas expreffement de quelqu' état, condition, qualité, et fexe, qu'elles foient, font dans le cas de tirer des obligations de change et doivent confequamment etre affujetties à toutes les rigueurs des loix de change.



2do.

2*do.* Ofoby ktore nie fą zdolne dawania wexlow fą :

*a. Dzieci* pod władzą Rodzicow nie ma-
iące fwoiey włafney Fortuny.

*b. Małoletni* pod władzą Opiekunow, y

*c. Zony* pod Zwierzchnością Mężow zo-
ftaiące, ieżeliby Dzieciom od Rodzicow przez iakie ofobliwe Pakta, albo
Tranzakcye pewna część fortuny do
ich włafney dyfpozycyi y rządow
uftąpiona, y Dziedzictwem rezygno-
wana nie była, ieżeli zaś tylko Pro-
wenta wypufzczone by były, to tylko
z Prowentow odpowiadać maią.

3*tio.* Clerici tam fæculares quam Re-
gulares iakiegokolwiek ftopnia y godnośсi
ob reverentiam ftatus, y że im *Concilium
Tridentinum* Handlem bawić fię zabroniło,
fą inhabiles dawania wexlow. Jednakże,
żeby kto przed wftąpieniem w Stan Ducho-
wny dał od fiebie wexel, Duchownym będący zadofyć uczynić onemu powinien Prawem wexlowym.

4*to.* De cætero, każdy na iakieykol-
wiek funkcyi będący, iako może con-
trahere Debitum cambiale, tak też za fwoy
wexel etiam ftante functione Prawu we-

xlo-

*2do.* Les Perſonnes, qui ſont inhabiles de donner des lettres de change, ſont :

a. Les *enfans*, qui reſtent encore ſous l'authorité de leurs parens, et qui n'ont pas encore des Biens à eux.

b. Les *mineurs*, qui demeurent ſous la tutelle de leurs Tuteurs.

c. Les *femmes*, qui ſont ſous l'authorité de leurs maris ; Excepté, que ſi par quelque tranſaction légale les Parens euſſent cédé une partie de leurs Biens à la diſpoſition libre de leurs enfans, en leur en aſſurant la propriété ; et ſi en cas les enfans n'en euſſent que les revenus, ils ne peuvent repondre que jusqu' à la concurrence de dits revenus.

*3tio.* Le Clergé tant ſeculier que regulier, de quelque rang et dignité qu'il ſoit, n'eſt pas en droit de faire de Lettres de change, vûque le Concile de Trente lui deffend d'exercer le commerce à cauſe de la dignité de ſon état ; cependant ſi quelqu'un avoit fait une Lettre de change ſur lui meme, avant que d'embraſſer l'etat eccléſiaſtique, il eſt ténu par les loix de change d' y ſatisfaire, quoiqu'il ſoit deja dans les ordres.

*4to.* Au reſte chacun, quelque fonction, qu' il exerce, comme il peut contracter des dettes ſur des Lettres de change, il ſe trouve alors ſoumis et aſſujeti à toutes les rigueurs des loix regardant les



Let-

xlowemu podpada, y żadne ſuſpenſy mieścić ſię nie mogą.

## §. V.
## O Proceſſie wexlowym.

*1mo.* Obligacya wexlowa rozciąga ſię na wſzyſtkich Dobrach ruchomych y nieruchomych, Ziemſkich, Mieyſkich, Krolewſkich, Emfiteutycznych, Summach Pieniężnych, Dochodach dożywotnich, lub doczeſnych, penſyach y ſamych nawet Oſobach Dłużnikow, na ktorych Proceſs formowany, areſzta zakładane y Exekucye ſprowadzane bydź mogą, tak dalece, że wolno Kredytorowi poſzukiwać ſatysfakcyi na ktoreykolwiek z tych rzeczy, albo y na oſobie Dłużnika, y chociażby Dłużnik miał obſzerne maiętności Dobr ſtoiących nieruchomych, wolno go na Summach pieniężnych, albo na Mobiliach patrzyć, ktore w długu wexlowym prawnie odebrane bydź mogą.

*2do.* Z tąd wynika, że do wexlu w Kommiſſyi Skarbowey przeciwko wſzyſtkim bez excepcyi, iako też w każdym ſądzie primæ Inſtantiæ, to ieſt na Szlachcica w Grodzie, lub Ziemſtwie, na Mieſzczanina przed Sądem Mieyſkim Forum należyte bydź może

Lettres de change, sans pouvoir s'y souftraire, quelque pofte, qu'il occupe, ni fous quelque pretexte, que ce foit.

## §. V.
## De la Procedure des Lettres de change.

1mo. L'obligation de change s'etend, fur tous les Biens meubles et immeubles, Terreftres, Royaux, emphiteutiques, Sommes pecuniaires, rentes viagéres, penfions, et même fur les Perfonnes des Debiteurs, fur lesquels on peut former des procés, mettre des arrets, et faire des executions, de forte, qu'il eft permis au créancier de chercher fatisfaction, fur quelconque de ces objets ou fur la perfonne du Debiteur; Si meme le Debiteur avoit des grands Biens immeubles, et que fon créancier ne voulut pas s'en charger, il peut s'en prendre à des Sommes pecuniaires, qui peuvent lui appartenir, ou à de Biens meubles, dont il peut faire la faifie pour dette de change.

2do. Il s'en fuit dela, que la Cour de la Commiffion du Trefor eft toujours competente, contre qui que ce foit, fans exception, de meme, que tout jugement de la premiere Inftance eft convenable, le Jugement terreftre, ou celui du Grode contre un Gentil-homme, celui de la Ville contre un



bour-

może y na woli Powoda ieſt, pozwać obwi-
nionego czyli do tego Sądu, do którego
Dobra iego Dziedziczne, lubo iakiekolwiek
należą, czyli do tego gdzie ma Summę Pie-
niężną, albo Grontá y Domy Mieyſkie, albo
rzeczy ruchome, nakoniec y tam gdzie ſię
Oſobą ſwoią znayduie, byle tylko, ieżeli
kto z Dobr pozywa, Pozew był dobrze poło-
żony, ieżeli zaś z Oſoby, Oſoba była uwia-
domiona o pozwie, y ſam pozwany, albo iego
Plenipotent ziechać mogł na Sprawę, przeto
aby ſię nikt niewiadomością nie wymawiał,
ſtanowiemy: Aby Woźni, nie tylko przy
kładzeniu Pozwow w Domach y Poſſeſſyach
pozwanych, żadney przeſzkody nie mieli, ale
też y do Oſob Pozwanych wolny przyſtęp
z Pozwem na każdym mieyſcu, gdzie ſię
tylko znaydować będą, nie był im zabroni-
ony, a to pod oſtrością Praw o nieuſzano-
waniu Woźnych poſtanowionych.

3tio. Aktor Dłużnika pozywá przed
Sąd do rekognicyi, to ieſt do przyznania ſię
do wexlu ſwego, pozwany na pierwſzym
terminie ſtanąć powinien ſam, albo przez
Plenipotenta maiącego na to doſtateczną Ple-
nipotencyą y przyznać ſwoy wexel, który
iak prędko przyznany będzie, a exceptui
żadney przeciwko niemu nie maſz, Sąd Summę winną płacić nakazuie z Prowizyą od
uchybionego terminu po pięć od ſta, ſzko-
dy

bourgéois, et il depend de la volonté de l'acteur d'ajourner le debiteur ou pardevant le jugement, dont ses Biens hereditaires ou queques autres dependent, ou bién devant celui ou il a des sommes pecuniaires, des terrains, maisons, ou autrement des Biens meubles, enfin là où le debiteur se trouve en Personne, pourvu, si l'on le fait ajourner sur des Biens, que la citation soit donnée en regle, et si c'est sur la personne, il faut qu'elle soit informée de la Citation, pourqu'elle puisse elle même ou son Procureur comparaitre au procés. Afin, que Personne ne puisse s'excuser faute de connoissance, nous statuons et ordonnons, que les huissiers, qui sont chargés de donner des citations ne rencontrent point d'empechemens dans les maisons et les possessions, et qu'ils aient un accès libre auprès les personnes ajournées dans quelqu'endroit, qu'elles soient, et c'est sous la rigueur des peines portées contre ceux, qui osent insulter les huissiers.

3tio. L'acteur cite le Debiteur pardevant le jugement pour reconnoissance, c'est à dire pour reconnoitre sa lettre de change; l'ajourné doit comparaitre au premier terme lui même, ou par procureur, à qui il auroit donné un plein pouvoir à cet effet, et reconnoitre sa lettre de change, la quelle s'il aura reconnue, et n'aura aucune exception contre elle, le jugement en ordonnera le payement avec les interets à cinq pour cent dépuis l'echeance, et enjoindra de rembourser tous les frais,

dy y expenſa powrocić, wſzyſtko we dwie Niedzieli pod gotową exekucyą.

4to. Jeżeliby pozwany przeczyć chciał Wexlowi, ſam ſtanąć powinien y ieżeli ſię zapiera podpiſu ręki ſwoiey y że tego wexlu niedawał y Summy nie winien, ſąd prævia inquiſitione & aliis probationibus de Jure przypuſzcza go do przyſięgi, po ktorey wykonaney uwalnia go od płacenia Summy. Strony potym, tak powodowa przeciwko pozwaney o fałſzywą przyſięgę, iako y pozwana przeciwko powodowey, mogą agere ordinaria Juris via w Sądzie przyzwoitym.

5to. Jeżeliby pozwany podpis ręki ſwoiey na Wexlu przyznał, przeczył iednak danego Wexlu taki zaraz nieodchodząc od Sądu złe użycie podpiſu ręki ſwoiey ſtronie przeciwney wyprobować powinien, y ieżeliby wyprobował, że na ten podpis nic nie winien wolnym bydź ma, albo też ieżeli wyprobuie że ten podpis dany był na tę ſamą Summę ale nie na Wexel, tylko na proſtą kartę Sąd ſprawę niebydź podległą Prawu Wexlowemu deklarowawſzy do ordynaryinego Proceſſu y Sądu odeſzle. Jeżeliby zaraz tego wyprobować nie mogł, y probowanie to dłużſzego czaſu y inſzego terminu potrzebowało, tédy pozwany zapłacić ma Summę Wexlową Aktorowi, ieżeliby takowy miał ſufficiens pignus reſponſionis albo

kau-

frais, le tout dans l'espace de deux semaines sous peine d'execution.

4to. Si le cité vouloit nier la lettre de change, il doit comparaitre lui meme et s'il desavoue sa signature, et nie d'avoir donné cette Lettre de change et de devoir la somme, le jugement, après les inquisitions, et toutes les preuves usitées par les loix, l'admet à preter serment, après lequel il le dégage du payement de la somme; les deux parties, savoir l'acteur et l'ajourné, peuvent après proceder l'un contre l'autre pour faux serment par la voye ordinaire de la justice, dans un jugement competent.

5to. Si l'ajourné reconnoissoit la signature de sa main, et nioit d'avoir fait cette lettre de change, en ce cas il est tenu de prouver à l'instant, et sans sortir, à sa partie adverse, qu'elle a fait un mauvais usage de son seing, et s'il prouvoit, qu'il ne doit rien sur cette signature, il doit etre libre, mais s'il prouve, que cette signature n'a pas eté donnée, sur une lettre de change, mais seulement sur un simple billet de pareille somme; le jugement alors, après avoir declaré, que cette cause ne depend pas des loix de change, la renverra à un jugement ordinaire et competent. Si le Cité ne le prouvoit pas d'abord, et que la conviction exigeât plus de tems, et un autre terme, il doit alors payer à l'acteur la somme marquée dans la lettre de change, si l'acteur a suffisamment de quoi repondre ou donner une bonne caution, faute de quoi

le

kaucyą, ieżeli nie, tedy one w Sądzie złożyć
powinien a reconventionaliter Proce s for-
mować Aktorowi pro abuſu podpiſu ręki
iego, co gdy dowiedzie, takowy *prezentant
Wexlu* ma bydź ukarany juxta qualitatem
delicti arbitrarie, y ieżeli ſię pokaże że mu
ſię pieniądze ullo modo nie należały, one
ukrzywdzonemu powrocić z koſztami y ex-
penſami.    Jeżeliby zaś pozwany w dwie
niedzieli niepopierał ſprawy, iuż iey więccy
popierać nie może y pieniądze w Sądzie
złożone Aktorowi oddane bydź maią.

6to. Jeżeli pozwany do Wexlu na
pierwſzym terminie nie ſtanie, byle ſądowi
wiadomo było doſtatecznie w relacyi woźne-
go autentycznie zeznaney, że oPozwie wiedzi-
ał, ſentencyą piſze in contumaciam y Summę
płacić każe tak iak gdyby iuż przyznana
była.   Co ſię iednak ma rozumieć o tych,
ktorych Pozew zaſtaie w mieyſcu tym w
ktorym Sądy ſie odprawuią.

7mo. Ci zaś ktorzy nie na mieyſcu Sądow ſą zapozwani y ktorych Pozew w domu nie zaſtał, na pierwſzym terminie maią
bydź wzdani, a ieżeliby za drugim Pozwem
nie ſtanęli zaraz, Sąd in contumaciam Summę

le cité eſt tenu de la dépoſer aux jugemens, et in-
tenter reconventionellement un procès à l'acteur
pour l'abus qu'il a fait de ſa ſignature, et quand il
le lui aura prouvé, le *preſentant* de la lettre de change doit etre puni arbitrairement ſvivant le delit,
et ſi le cité aura des preuves convaincantes, qu'il
ne lui devoit point d'argent, l'acteur ſera conda-
mné, à le rendre au pretendu Debiteur, avec les
dommages, interets et frais; Or ſi l'ajourné ne
pourſvivoit pas la cauſe dans l'eſpace de deux ſe-
maines, il ne ſeroit plus en droit de la pourſvi-
vre après, et on rendra à l'acteur l'argent, qui
avoit eté depoſé dans le Jugement.

6to. Si quelqu'un etoit ajourné pour une
Lettre de change, et ne comparoiſſoit pas au premier terme, et que le jugement fut bien aſſuré par
le rapport authentique de l'huiſſier, que la citation lui a eté réellement donnée, il prononcera alors
arrêt de contumace et le condamnera à payer la
ſomme, comme ſi elle eut eté déja reconnue; ce
qui ſe doit ſeulement entendre de jceux, à qui la
citation a eté donnée dans l'endroit où ſe tiennent
les jugemens.

7mo. Or ceux, qui ne ſont pas ajournés dans
l'endroit des jugemens, de meme que ceux, que
l'huiſſier n'aura pas trouvés chés eux, pour leur
rendre la citation, doivent etre contumacés au premier terme, et s'ils ne comparaiſſent pas d'abord

après

mę Wexlową przyfądza, winę kontumacyi, Unkofzta y Prowizyą płacić każe.

8vo. Przeciwko Wexlu żadne inne excepcye mieyfca nie maią, oprocz:

*a.* Inhabilitatis Perfonæ o ktorey w § IV.
*b.* Temporis anticipationis, kiedy kto pozywa przed terminem w Wexlu wyrażonym.
*c.* Falfi o czym w §. tym fub N. 4. gdzie o rekognicyi Wexlow.

*d.* Præfcriptionis o ktorey w §. III. mowiono.

9no. Jeżeliby dłużnik nie był w ftanie zapłacenia dla obciążoney długami fubftancyi a chciał uniknąć furowey exekucyi Prawa Wexlowego, tedy zaraz przy fprawie przed fądem oświadczyć powinien, że podaie fub haftam potioritatis, czyli pod konkurs, całą fwoię fubftancyą, a w tym razie fąd, uznawfzy realitatem & liquiditatem długu Wexlowego, exekucyą zawiefi y ftrony do Proceffu konkurfowego y Forma przyzwoitego (ieżeli fam konkurfu expedyować nie może) odefzle. Długi zaś Wexlowe w konkurfach między ręcznemi

kar-

après la seconde citation, le jugement le condamne par contumace à rembourser la somme de la lettre de change, et à payer l'amande de la contumace, ainsi que les frais et interets.

8vo. Il n'y a point d'exceptions, qui puissent avoir lieu contre une lettre de change; excepté les suivantes;

a. L'inhabilité des Personnes, voyés §. IV.

b. L'anticipation du terme, si l'on cite avant que le terme marqué dans la lettre de change soit expiré.

c. L'objection de faux, dont il est parlé dans le meme §. N. 4. où il est fait mention de la reconnoissance des Lettres de change.

d. Les prescriptions dont il est traité au §. III.

9no. Si le debiteur n'etoit pas en etat de payer, à cause que ses Biens seroient trop surchargés de dettes, et s'il veut eviter l'execution rigoureuse des Loix de change, il doit d'abord declarer devant le Jugement, pendant, que la cause est plaidée, qu'il soumet tous ses Biens au concours; en ce cas, le Jugement ayant reconnû la réalité, et la Claireté de la dette de change, suspendra l'execution, et renverra les Parties au procès du concours, et à la Justice competente s'il ne peut pas expedier lui même le concours. Les dettes de change doivent être placées dans le concours avec les simples billets, qui ne sont pas roborés, et les



crê-

kartami nie roborowanemi mieszczone bydź maią, y z zaprzyśięźeniem daty onych przez kredytora prezentuiącego.

10mo. W reszcie samo przez śię rozumie śię, że ieżeliby ten ktory dał Wexel przed terminem w Wexlu wyrażonym umarł, Kredytorowi manet actio contra successores onego, iak przeciwko niemu samemu. Wzaiemnym sposobem Successorowie Remittenta ius agendi maią przeciwko dłużnikom Prawem Wexlowym.

## §. VI.

## O Appellacyach.

1mo. Appelować od Sądu ktoregokolwiek pierwszey instancyi, ieżeliby Summa Wexlowa niemniey iak Trzysta Złotych Polskich wynosiła do Kommissyi Skarbowey stronie uciążoną śię być baczącey pozwalamy.

2do. Appellacya ta ma śię śćiągać ad effectum devolutivum non vero suspensivum, a dla tego, ieżeliby Sąd primæ instantiæ kazał Summę do Wexlu winną zapłaćić, a winny zakładał appellacyą, niewprzod mu ma bydź dopuszczona aż Summę Dekretem przysądzoną zapłaci stronie zyskuiącey,

ieże-

créanciers, qui en font les porteurs font obligés de confirmer leur dette par ferment.

 

10*mo*. D'ailleurs il faut ici naturellement entendre, que, si celui, qui a donné une lettre de change, meurt avant que le terme, qni eſt marqué dans la lettre de change ſoit expiré, le Créancier eſt en droit d'agir contre ſes ſucceſſeurs, comme ſi c'etoit contre le *donneur*. Les Loix de change permettent pareillement aux Succeſſeurs des Proprietaires des Lettres de change, de proceder contre les Debiteurs.

## §. VI.
## *Des appels.*

1*mo*. Nous permettons à la partie qui ſe croit accablée, d'appeller de Jugement quelconque de premiere Inſtance à la Commiſſion du Treſor, pourvû que la ſomme de change, dont il s'agit, ne ſoit pas au deſſous de trois cent florins de Pologne.

2*do*. L'appel ne doit pas ſe faire à deſſein de ſuſpendre la Cauſe, mais de la terminer finalement, c'eſt pourquoi ſi le Jugement de la premiere Inſtance ordonnoit de payer la ſomme duë ſur une lettre de change, et que le *Debiteur* demandât appel, il ne lui ſera pas accordé, avant qu'il n'eut payé la ſomme qui lui avoit cté adjugée par



le

ieżeli ta będzie miała pignus refponfionis do powrocenia iey inquantumby in appella-torio Dekret pierwfzey inftancyi miał bydź uchylony. Jeżeliby zaś ftrona zyfkuiąca nie miała pignus refponfionis albo doftate-czney kaucyi, winny fummę złożyć powi-nien w Sądzie aż do rezolucyi fprawy in appellatorio.

3tio. Jeżeliby tedy kto w fprawie Wexlowey przychodził przez appellacyą do kommiffyi Skarbowey, powinien złożyć dokument iako fummę przyfądzoną iednym lub drugim z przerzeczonych fpofobem wy-płacił. Jnaczey appellacya iego nie ma bydź przyięta.

4to. Jeżeliby in appellatorio fententia Judicis a quo uchylona była, zyfkuiący tę fentencyą ktory wyliczył był pieniądze w pierwfzey inftancyi nazad one odebrać ma, cum damnis & ufuris.

5to. Ofoby w Mieście nafzym ftołe-cznym Warfzawie y w okolicy mil czterech miefzkaiące, bawiące fię y tam poffeffye ma-iące, tak Obywatele iako y Cudzoziemcy cujuscunque ftatus conditionis & fexus, w fprawach Wexlowych profto do Kommiffyi zapozywane bydź maią. W Miaftach dzie-dzicznych Miefzczanin z Miefzczaninem mieyfcowym będzie miał ultimam inftanti-am u Pana fwego, præcifa appellatione, z

Szla-

le Décrêt, si elle aura suffisamment de quoi repondre afin qu'elle la puisse rendre, en cas, que le de-
crêt de la premiere Instance, fut cassé dans la
Cour d'appel. Or si la partie n'avoit pas de quoi
repondre ni pouvoit trouver une bonne Caution,
le Debiteur doit deposer la somme dans la Justice, jusqu' à ce, que la cause soit décidée par appel.

3tio. Ainsi, si quelqu'un venoit par appel
à la Commission du Tresor, avec une Cause de
change, il y doit presenter des preuves comme
quoi il a payé la somme adjugée soit de l'une ou
de l'autre de ces deux manieres; autrement son
appel ne seroit pas accepté.

4to. Si dans l'appel le Décrêt de la premiere instance devoir etre cassé, le gagnant reprendra
son argent avec les dommages, frais, et interets.

5to. Tous ceux, qui demeurent à Varsovie
notre Capitale et dans ses environs de quatre li-
euës, et qui y ont des Possessions, tant citoyens,
qu'etrangers; de quelqu'etat, condition, et sexe,
qu'ils soient, doivent etre ajournés directement à
la Commission du Tresor dans les Causes de change. Un Bourgéois des Villes héreditaires avec
l'autre d'un même endroit fera appel en derniere
Instance à son Seigneur, et si c'est avec un Gentil-
homme, l'appel lui sera accordé au Grode, ou au



Juge-

Szlachcicem zaś appellacya dopuſzczona ma bydź do Grodu lub Ziemſtwa tego Woie. wodztwa, Powiatu lub Ziemi w ktorym Bona confiſtunt.

*6to.* Taż Kommiſſya Skarbowa ſprawy Wexlowe z regeſtru oſobliwego raz w ty- dzień, to ieſt co Piątek, tak in eadentia iako y extra cadentiam Juridicam, expedyować ma.

*7mo.* Z tego regeſtru żadne inne ſpra- wy ſądzić ſię nie maią, ani żadne inne pod Proceſs Wexlowy podciągane bydź nie mogą tylko te ktore directe o zapłacenie ſummy do Wexlu winney przeciwko *Traſ- ſantom, Acceptantom* y *Indoſſantom* y ich Suk- ceſſorom przychodzą, albo kiedy ſię *Dłużnik* obowiąże pod rygorem Prawa Wexlowego. Podobnież y ſądy pierwſzey inſtancyi ża- dnych innych ſpraw pod Prawo y Proceſs Wexlowy podciągać nie powinny.

## §. VII.

### *O Exekucyach Wexlo- wych.*

*1mo.* **E**xekucye Dekretow pierwſzey in- ſtancyi od ktorych appellacya nie zaſzła, albo z przyczyn w §. przeſzłym wy- rażo-

Jugement terreſtre de ce Palatinat, Diſtrict ou Ter-
re où ſes Biens ſont ſitués.

*6to.* La Commiſſion du Treſor doit expedier les cauſes de change d'un regître particulier
une fois la ſemaine, ſavoir : le vendredy tant pendant, que hors la cadence judiciaire.

*7mo.* On ne pourra pas juger d'autres cauſes de ce regître, ni en faire paſſer d'autres dans
le procès de change, que celles, où il s'agit directement du rembourſement d'une ſomme due ſur
une lettre de change, contre les *tireurs, accepteurs,
endoſſeurs* et leurs *ſucceſſeurs,* ou lorsque le *Debiteur* s'eſt engagé de payer ſous les rigueurs de
change.

## §. VII.

## Des Executions des Lettres de change.

*1mo.* Les executions des Decrets de la premiere
Inſtance dont on n'a pas fait d'appel,
ou lorsqu'on ne l'a pas pu obtenir, par les raiſons,



qui

rażonych nie może bydź dopuſzczona, exekwowane bydź powinny przez urzędy tychże ſamych Sądow.

*2do.* Dekreta Kommiſſyi Skarbowey ex appellatione maią bydź odſyłane pro executione do Sądow y Urzędow od ktorych appellacya zaſzła. -

*3tio.* Dekreta teyże Kommiſſyi Skarbowey ex citatione powinny bydź exekwowane przez urzędy, ktore taż Kommiſſya zaraz przy Dekrecie zapłacenia wymieni.

*4to.* Jako w ſprawach Wexlowych Dekreta nakazuią wypłacenie ſumm pod rygorem exekucyi, tak kiedy na terminie z Dekretu Dłużnik zadoſyć nie uczyni, zyſkuiący proteſtuie ſię y zaraz nazaiutrz po terminie wolno mu iść do ſądu Exekutoryalnego, pokazać Dekret y proteſtacyą y proſić o przydanie ſobie Oſoby urzędowey do czynienia exekucyi, ktorey mu Sąd odmowić niepowinien.

*5to.* Jako zaś ta exekucya zawiſła na tradycyi rzeczy ruchomych lub nie ruchomych, tak od woli zyſkuiącego Kredytora dependować ma co ſobie tradować każe, zkądby iak naypr ędſzą y nayłatwieyſzą miał ſatysfakcyą ſummy ſwoiey, przeto:

*6to.* Jeżeliby Kredytor zyſkuiący Exekucyą, chciał ſatysfakcyi z rzeczy ruchomych Dłużnika, Urząd Exekutoryalny ma zabrać

Dłu-

qui font rapportées dans l'article precedent, doivent etre faites par l'office de memes Jugemens.

2do. Les décrêts par appel feront envoyés de la Commiffion du Trefor aux Cours, et aux Jugemens, desquels on avoit appellé, pour etre executés.

3tio. Les Decrets par citation de la Commiffion du Trefor doivent etre mis en Execution par l'office, que la Commiffion indiquera d'abord dans l'arret, qui ordonne le rembourfement.

4to. Comme les Décrets des caufes de change ordonnent le payement des fommes fous rigueur de l'Execution; ainfi lorsque le Debiteur manque d'y fatisfaire au terme du Decret, le gagnant peut d'abord manifefter, et fe rendre, le lendemain après le terme èchû, à la juftice, qui eft chargée de l'execution, y prefenter le Decret, avec le manifefte et demander une Perfonne de l'office, pour faire l'Execution, ce que le Jugement ne doit pas lui refufer.

5to. Comme l'Execution n'eft autre chofe, qu'une Tradition des effets, meubles, et immeubles; c'eft pour quoi il dependra de la volonté du Créancier de fe faire faire la Tradition de ce, dont il pourra tirer le payement le plus prompt, et le plus aifé de fa Somme.

6to. Ainfi, fi le Créancier, qui aura obtenû une Execution demandoit fa fatisfaction des effets du Debiteur; l'office, qui aura le foin de l'Execu-



tion,

takowe rzeczy, y one, albo z onych tyle
ſprzedać plus offerentibus przez publiczną
aukcyą za gotowe pieniądze, ażby ſię znich
zupełna ſtała ſatysfakcya Kredytorowi y expenſa zapłacone były.

7mo. Jeżeliby zaś Kredytor wolał na
dobrach nieruchomych ſzukać ſwoiey ſatysfakcyi, w ten czas Urząd Exekwuiący Dobra
albo część Dobr, Dom albo część Domu, lub
Grunt iaki proporcyonalny ſummie winney
wydzieli Kredytorowi z Dobr Prawem prze-
konanego. Exekucya Dekretu y Proceſſu
etiam adhibito brachio Militari naſtąpić powinna.

8vo. Gdyby Kreditor nie miał ſatysfakcyi z ſubſtancyi, w ten czas na Oſobie
poſzukiwać może.

9no. Przez areſzt na oſobę nie ma ſię
iednak rozumieć wtrącenie do więzienia zło-
czyńcom przyzwoitego, ale przydanie ſtraży
oſobie na mieyſcu uczciwym, pod ktorąby
Dłużnik zoſtawał aż do zadoſyć uczynienia
Kredytorowi, albo pokiby onego Kredytor
ſam uwolnić niechciał.

10mo. W ſprawach Wexlowych przeciwko Cudzoziemcom y Ziomkom Poſſeſ-
ſyi gruntowey nie maiącym może areſzt
Oſoby poprzedzić Proceſs prawny; gdy
Kredytor znalaźſzy na iakim mieyſcu takie-

go

tion, doit faire prendre ces effets, les vendre, tous, ou une partie au plus offrant, dans une auction publique, et pour argent comptant; de sorte, que le Créancier soit entierement payé avec les frais, et interets.

7me. Or si le Créancier aimoit mieux prendre son remboursement sur des Biens immeubles, alors l'office executant mettra en possession le Créancier, soit de tous les Biens ou d'une partie de la maison, ou terrain appartenant au Debiteur convaincu par les loix, et tout à proportion de la somme dûe. L'Execution du Decret et procés doit se faire avec l'aide militaire.

8oo. Si les Biens du Debiteur n'etoient pas suffisants pour completter la somme dûe au Créancier, il peut la chercher sur la personne du Debiteur.

9no. L'arret de Personnes ne doit pas etre cependant une prison destinée à des malfacteurs, mais on leur donne la Garde, dans un endroit honnete, où le Debiteur reste jusqu'à ce qu'il ait contenté le créancier, ou jusqu' à ce, que le créancier lui meme le mette en liberté.

10me. Dans les Causes de change contre des etrangers, et ceux du Païs, qui n'ont pas des possessions frefoncieres; l'arret de leurs Personnes peut devancer le procés judiciaire, ainsi le Créancier ayant trouvé quelque part un pareil Debiteur

de

go dłużnika Wexlowego profi Sędziego o arefzt na niego, Sędzia mu go przeczyć nie może, y po arefzcie w poznanie fprawy nie odwłocznie wniść powinien, a ieżeliby pretenfya ofkarżaiącego niefłuszna była, arefztanta uwolnić, ieżeli fłuszna, w Arefzcie przytrzymać aż do fatysfakcyi Kredytorowi.

11mo. Ofoby Sukceffotow nie mogą bydź arefztowane za dług Wexlowy tego ktorego fą Sukcefforami, ieżeli bonis fucceffivis renuntiarunt y nic zonych nie partycypowali.

12mo. Jmpugny żadne przeciwko exekucyom z Prawa Wexlowego mieyfca nie maią, chyba żeby Urząd Exekwuiący rzecz cudzą zamiaft dłużnikowey tradować chciał; na ten czas właściciel tey rzeczy dokumentem albo świadectwem lub przyfięgą zaraz przed Urzędem Exekwuiącym wyprobowawfzy, że ieft rzecz iego włafna, albo cudza u niego złożona a dłużnikowi exekwowanemu nie należąca, Urząd od Exekucyi odftąpić powinien y Kredytor gdzie indziey fatysfakcyi pofzukiwać. Toż famo fię ma rozumieć o rzeczach przez dłużnika zaftawionych chyba żeby Kredytor Wexlowy chciał rzeczy te wykupić y zaftawnłkowi fummę y prowizye zapłacić. Jeżeliby mimo tego przepifu Kredytor y Urząd gwałtownie fobie poftąpili, iako naieździcy w Sądzie przyzwoitym odpowiedzieć maią.

13tio.

de change, demande au Juge prife de corps contre lui, ce qu'il ne peut pas lui refufer, et doit d'abord après l'arret prendre connoiffance de la Caufe; fi la pretenfion du demandeur eft injufte, faire ceffer l'arret, et fi elle eft fondée, le faire durer jusqu'à ce que le Créancier foit entierement remboursé.

11mo. Les Succeffeurs ne fauroient etre arrêtés pour la dette de change de celui, dont ils ont herité, s'ils rénoncent aux Biens de la Succeffion, et s'ils n'en ont rien participé.

12mo. L'*Oppofition* n'a pas lieu contre les Executions ordonnées par les Loix de change; excepté, lorsque l'office, qui eft chargé de l'Execution, feroit la *tradition* d'une chofe, qui ne feroit pas au *Debiteur*, mais qui appartiendroit à quelqu'autre; en ce cas, après que le Proprietaire de cette chofe aura prouvé par des Documens, temoignages, ou par Serment, qu'elle eft à lui, ou à quelqu'autre, ou depofée chez lui, et qu'elle n'appartient nullement au Debiteur, la Juftice doit alors renoncer à l'Execution et le Créancier cherchera ailleurs fa Satisfaction. La même chofe fe doit entendre des éffets, que le Debiteur aura engagés, à moins que le Créancier de change ne veuille les retirer, et rembourfer au preteur la fomme, et les interets. Si contre le prefent reglement le Créancier, et l'office en agiffoient avec violence, ils en feront responfables, comme des Incurfeurs, au Jugement competent.

13tio.

13*tio.* Urzędnik Exekutoryalny dzieło Exekucyi porządnie opisane ad acta publica per oblatam naydaley w tydzień po Exekucyi podać powinien.

14*to.* Jeżeliby sąd albo Urząd iaki do ktorego z prawa exekucya należy, miał odmowić oney żądaiącemu za Dekretem, złożeniem ex Officio ma bydź karany ad Jnstantiam strony ukrzywdzoney.

15*to.* Dłużnik dobra swoie tradowane komu innemu Prawem Wexlowym każdego czasu, zapłaciwszy summę winną, odebrać może, procz rzeczy in satisfactionem Kredytorowi iuż sprzedanych; ieżeliby zaś Kredytor summy uporczywie przyiąć niechciał, Dłużnik summę circa acta propriæ Jurisdictionis złożyć ma y dobra odebrać.

## *Jus Subsidiarium.*

Jako przy nowym ustanowieniu Praw wszystkich sprzeczek prawnych ktore in praxi wyniknąć mogą przeyrzeć niepodobna, a punktualność w sprawach Wexlowych rowno z sąsiedzkiemi Kraiami zachowaną mieć chcemy. Przeto in subsidium ninieyszych ustaw Elementa Juris Cambialis *Jana Gottliba Heyneccyusza,* w czymby ninieyszym

13*tio.* L'officier chargé de l'Execution sera obligé de faire inserer le fait de l'Execution exactement detaillé dans les actes publics, le plus tard huit jours après l'Execution faite.

14*to.* Si quelque Jugement ou office, au quel l'Execution appartient par la loi, refusoit de la faire à celui, qui seroit en droit de la demander en vertu d'un Décret, il en sera puni à l'instance de la partie plaignante.

15*to.* Le Debiteur pourra toutes fois reprendre ses Biens, dont on auroit fait la tradition en faveur de quelqu'un par droit de change, après avoir payé la somme due, mais on ne sauroit faire la meme chose des effets, qui auroient été vendûs pour satisfaire le Créancier; Or si le Créancier refusoit opiniatrement de reprendre la somme, le Debiteur peut deposer cette somme dans une Cour de sa Jurisdiction, et reprendre ses Biens.

## Droits Subsidiaires.

*Qui pourront suppléer aux presentes loix de change.*

Comme il est impossible de prévenir par ce nouvel etablissement de Loix, toutes les Contestations de chicanes, que l'Experience, et le hazard peuvent faire naitre, et que nous avons dessein, que la ponctualité dans les Causes de change soit observée dans nos Etats, de la meme maniere, qu'elle l'est dans les Païs voisins; c'est pourquoi nous ajoutons pour supplement à ces Regles, les Elemens

ſzym uſtawom przeciwne nie były, przyda-
iemy, y aby onych ſądy Naſze primæ &
ſecundæ inſtantiæ w decydowaniu ſporow
Wexlowych używały mieć chcemy.


## Oſtrzeżenie.

Ze wſzyſtkie Prawa pro futuro non pro
præterito ſtanowić ſię zwykły, tak też
ſerio oſtrzegamy, że rygor ninieyſzey uſtawy
ma ſię rozciągać na Wexle poſt publicatam
hanc legem dawane, Wexle zaś przed po-
ſtanowieniem tego Prawa dawane y z nich
wypływaiące ſprawy, według zwyczaiu do-
tąd w Kommiſſyi Skarbowey praktykowa-
nego, decydowane y exekwowane bydź maią, powinna iednak onych konieczna in
ſpatio trzech mieſięcy w Grodzie gdzie Dobra conſiſtunt Kredytora naſtąpić Oblata.

*Antoni Oſtrowſki,* B. K. y. P.
Præſes.
*Adam Łodzia Xże Ponińſki,*
M. G. K. K. y Seymowy.
mpp.
*Michał Hyeronim Radziwiłł,*
M. K. G. W. X. Litt. y
Seymowy, mpp.

mens de loix de change par *Jean Gottlieb Heinec-cius*, pour etre confultés dans les points où ils ne feront pas contraires aux Etabliffemens actuels, et nous ordonnons en meme tems, que nos Juge-mens, tant de la premiere, que de la feconde In-ftance, s'en fervent dans les Decifions des Caufes de change.

## Avertiffement.

Comme on ne fait pas des Loix pour les tems paffés mais pour les tems à venir; ainfi nous déclarons, que la rigueur du Reglement actuel ne s'etendra, que fur les Lettres de change, qui au-roient été faites après la publication de ces Loix; de meme que les procès, qui en deriveroient, doi-vent etre decidés, et executés fvivant l'ufage, qui a été pratiqué jufqu' à prefent dans la Commiffion du Trefor; Cependant ces Lettres de change, don-nées avant l'etabliffement des Loix actuelles, doi-vent étre abfolument inferées au Grode, dont les Biens du Créancier dependent, et cela dans l'Efpa-ce de trois mois.

*Antoine Oftrowski*, Evêque de Cujavie, Premier Prefident.

Prince *Adam Lodzia Poninski*, Maré-chal de la Confederation Generale de la Couronne et de la Diéte.

Prince *Michel H. Radziwiłł*, Maré-chal de la Confederation Generale du Grand Duché de Lithuanie, et de la Diéte,

9 782329 300382